NATÜRLICHE DEOS AUS WALD UND WIESE

Servus

Das kleine Buch

Gabriela Nedoma

NATÜRLICHE DEOS AUS WALD UND WIESE

Einfach selbst gemacht

Inhalt

Naturdeos: gesund, wirksam, selbst gemacht

Natürliche Deodorants sind aktueller denn je. Die kontroversen Diskussionen um Aluminium, Isobutane und Triclosan bewegen immer mehr Menschen, nach sicheren Produkten zu suchen. Aus diesem Grund nimmt diese kleine Fibel zum ersten Mal Deodorants in den Fokus und informiert über gesunde Alternativen aus der Natur.
Der Umstieg auf natürliche Deodorants ist einfach, wenn diese selbst gemacht sind. Wie schnell es geht, erfahren Sie in diesem Buch – mit Naturdeos sparen Sie Geld, verwenden gesunde Produkte und wissen genau, welche Inhaltsstoffe an Ihre Haut kommen. Pflücken Sie also Ihre Deos in der Natur, dort wachsen grüne Antitranspirantien und sanfte Heildeodorants im Überfluss.
Sie können sofort starten: Die meisten Produkte haben Sie zuhause, andere finden Sie in der Natur oder im Handel.

Gabriela Nedoma

Alle Vorteile von Naturdeos im Überblick

- 100% natürlich, vegan und umweltfreundlich
- Stark gegen Schweiß und Körpergeruch
- Sanft, hautfreundlich, auch für sensible Haut
- Garantiert gesund und auch heilsam
- Ersparen Geld, Zeit und Gesundheitsrisiken
- Sehr einfach, schnell und sicher zubereitet
- Für jede Frau und jeden Mann geeignet

Augen auf bei der Wahl des Deos

Hinter Werbeversprechen wie Power-Dry, Extra Cool und 72-h-Wirkung verbergen sich oft Problemstoffe, die dem Schweiß den Kampf ansagen, jedoch die Gesundheit belasten können. Moderne Deodorants enthalten im Durchschnitt 20 Inhaltsstoffe und bei dieser Fülle an Substanzen können sich darunter auch Problemstoffe befinden. Im Achselareal sollten Schadstoffe besser vermieden werden, da diese sensible Zone eine wichtige Rolle für die Erhaltung der Gesundheit spielt. Über Schweiß und Schweißdrüsen werden Abbauprodukte aus dem Körper entsorgt, die Temperatur reguliert und die Aktivität des Lymphsystems, der

Nieren oder der Leber unterstützt. Moderne Antitranspirantien greifen jedoch in dieses natürliche Gleichgewicht ein, indem sie Hautöffnungen verengen oder verstopfen und so die Selbstregulationsmechanismen der Schweißdrüsen unterbinden.[1]

Gleichzeitig können im Achselbereich Inhaltsstoffe von Deodorants besonders leicht die Hautbarriere passieren und ins Innere des Körpers gelangen. Die Achsel ist neben den Schleimhäuten im Mund und dem Intimbereich eine natürliche Pforte, über die Fremdstoffe rasch in den Körper aufgenommen werden können. Diese hohe Durchlässigkeit entsteht durch das Zusammenwirken mehrerer Faktoren:

Sensible Zone: Deodorants und ihre Inhaltsstoffe haben über viele Stunden Direktkontakt mit der Haut. In diesem Zeitraum greifen Desinfektionsmittel, Emulgatoren, Befeuchtungsmittel, Weichmacher oder Tenside den natürlichen Hautschutz an und können ihn erweichen, entfernen oder chemisch verändern. Das warme, feuchte und luftarme Milieu schafft dabei ideale Bedingungen, um die Inhaltsstoffe der Deodorants unter die Haut zu transportieren. Hinzu kommen die Reibungsflächen der Haut mit der Kleidung, die durch »Einmassieren« das Eindringen von Fremdsubstanzen in den Körper zusätzlich begünstigen.

Haarentfernung: Bei der Haarentfernung im Achselbereich werden die obersten Hautschichten abgetragen und die Haut im Mikrobereich verletzt. Die Aufnahmefähigkeit der Haut für Chemikalien in Deodorants wird dadurch stark erhöht. Untersuchungen mit Aluminiumchlorid, einem der am häufigsten eingesetzten Antitranspirantien, ergaben einen drastischen Anstieg der Absorption dieser Stoffe von 0,5% bei gesunder Haut auf 18% bei leicht verletzter Haut.[2] Eine Studie wies nach, dass nach einmaligem Auftragen von Aluminiumchloriden auf einer vor zwei Tagen rasierten Haut der Stoff 15 Tage lang im Blut und 44 Tage im Urin nachgewiesen werden konnte[3]. Das deutsche Bundesinstitut für Risikobewertung[4] wie auch das österreichische Bundesministerium für Gesundheit[5] empfehlen, keine aluminiumhaltigen Deodorants auf rasierter, irritierter oder leicht verletzter Haut aufzutragen.

Kumulation: Die Anreicherung von Problemstoffen im Körper durch die lange Anwendung von Deodorants ist ein oft unterschätztes Gesundheitsrisiko. In 50 Jahren seines Lebens, in denen jeder Mensch im Durchschnitt Deodorants aufträgt, können eine Reihe an potenziell belastenden Chemikalien die Hautgrenze nach Innen passieren und sich mit unbestimmten Folgen für die Gesundheit im Körper anreichern.

Problemstoffe in Deodorants

Antitranspirantien: Aluminiumverbindungen sind die am häufigsten eingesetzten Antitranspirantien. In Deodorants kommen vor allem Aluminiumchlorohydrate (ACH) und Aluminium-Zirkonium-Verbindungen (ZAG) zum Einsatz. Sie verhindern Schweißabsonderungen durch die Verengung der Schweißdrüsen. Die Anwendung von Aluminium in Kosmetika ist umstritten und kann aufgrund von in Studien nachgewiesenen hormonwirksamen, neurotoxischen und tumorfördernden Wirkungen[6] Gesundheitsrisiken mit sich bringen.

Bakterienhemmer: Besonders in Intensiv-Deos werden häufig Biozide, stark desinfizierende und keimtötende Stoffe, verwendet. Diese vernichten nicht nur ungeliebte Keime, sondern auch die hauteigenen Bakterien. Zu ihnen gehört u.a. **Triclosan,** ein für Wasserlebewesen toxisches Umweltgift, das rasch in den Körper aufgenommen wird und die Bakterienresistenz fördert.

Weitere Problemstoffe sind **Formaldehyde,** die von der WHO als krebserregend für Menschen eingestuft wurden. Sie können Allergien, Asthma und chronische Müdigkeit auslösen und fördern Gelenksbeschwerden.

Duftstoffe: Um Gerüche zu überdecken, werden die modernen Deodorants intensiv parfümiert. Dafür kommen in der Regel **synthetische Duftstoffe** zum Einsatz, die sich aus bis zu 100 verschieden Substanzen zusammensetzen können. Manche Duftstoffe können hautreizend wirken, allergische Reaktionen und Hautirritationen hervorrufen, darüber hinaus Kopfschmerzen oder Atembeschwerden auslösen.

Konservierungsstoffe: Problematisch sind die hormonwirksamen **Parabene,** deren Zusammenhang mit Krebs derzeit erforscht wird.

Auch konzentrierter **Alkohol,** der an sich zu den sicheren Konservierungsstoffen gehört, kann Hautirritationen, Brennen und Rötungen hervorrufen.

Treibgase: Deo-Sprays enthalten Treibgase wie Butane, Propane und Isobutane, die beim Besprühen für ein trockenes Hautgefühl sorgen. Isobutane werden laut Gefahrenstoffverordnung als krebserregend eingestuft und sollten in Deodorants vermieden werden.

Naturkosmetik-Deodorants

In den letzten Jahren kommen vermehrt qualitativ hochwertige Naturdeodorants auf den Markt. Naturdeos sind in der Regel teurer und hochwertiger zusammengesetzt als handelsübliche Produkte, wobei zunehmend mehr Naturkosmetik-Linien entstehen, die den Spagat zwischen guter Qualität und niedrigen Preisen schaffen. Es ist dennoch empfehlenswert, die INCI-Listen der Naturkosmetik-Deos genau zu lesen und Apps (etwa von Codecheck.de oder ToxFox.de) zur Überprüfung der Inhaltsstoffe in Naturkosmetik-Deos zu verwenden. Anders als »Bio« oder »Vegan« ist der Begriff »Naturkosmetik« im EU-Raum kein klar definierter Qualitätsstandard. Die Bandbreite von Naturkosmetik-Deodorants reicht daher von naturbelassener Kosmetik bis hin zu »Greenwashing«-Produkten mit einem sehr geringen Naturanteil. Hilfreich sind Zertifizierungen wie Demeter, NaTrue oder BDIH, die kontrollierte Produktionsbedingungen garantieren.

Was sind Deodorants?

Deodorants (lat. *de* = weg und *odor* = Geruch, Gestank) verändern den Körpergeruch durch Beduftung, Geruchsüberdeckung, Bekämpfung von Körperbakterien, Verschiebung des pH-Wertes oder dem Einsatz von Geruchshemmern.

Eine spezielle Gruppe sind Antitranspirantien (Schweißhemmer). Sie verengen die Schweißdrüsen und bewirken dadurch eine Reduktion der Schweißproduktion.

Was ist Schweiß?

Schweiß ist ein flüssiges Sekret, das sich in den ekkrinen Schweißdrüsen bildet und durch die Schweißporen an der Hautoberfläche abgesondert wird. Schweiß ist geruchsneutral, der charakteristische Geruch entsteht erst durch seine Verstoffwechselung von Körperbakterien. Weitere Faktoren bei der Absonderung von Schweißgeruch sind Stress, Hormone oder Ernährung. Schweiß besteht zu 99% aus Wasser, das weitere 1% setzt sich aus Stoffen wie Salz, Milchsäure, Ammoniak, Aminosäuren, Harnstoff, Zucker, Vitamin C, Cholesterin und Carbonsäuren zusammen. Eine andere Form von Schweiß bildet sich in den apokrinen Schweißdrüsen. Diese prägen den Körpergeruch und bilden sich in der Pubertät in den Achseln, Brustwarzen und im Intimbereich. Der Schweiß der apokrinen Schweißdrüsen ist ein milchiges Sekret aus Proteinen, Lipiden, Hormonen und wenig Wasser und weist einen neutralen pH-Wert von 7,2 auf.

Welche Vorteile haben natürliche Deodorants?

Anders als bei Handelsprodukten sind alle Inhaltsstoffe 100% natürlich, hautfreundlich und frei von Chemikalien.

Naturdeos wirken intensiv, sind sanft zur Haut und können auch von Menschen mit sensibler Haut verwendet werden. Fast alle Inhaltsstoffe sind in Lebensmittelqualität, fördern die Gesundheit und sind besonders rasch in der Umwelt abbaubar. Indem wenig Inhaltsstoffe verwendet werden, reduzieren Naturdeos Kosten und verbessern den ökologischen Fußabdruck. In Abwässern sind Naturdeos schnell abbaubar und belasten keine Wasserlebewesen.

Wie wirken natürliche Deodorants?

Die meisten Deodorants in diesem Buch wirken durch die pH-Wert-Verschiebung im Achselbereich. Durch Veränderungen des pH-Wertes wird die Aktivität der vom Schweiß lebenden Körperbakterien reduziert und so eine natürliche Desodorierung ermöglicht. Dies hat den Vorteil, dass Naturdeos auch ohne scharfe und stark antibakterielle Substanzen gut wirken und Körpergeruch verhindern. Darüber hinaus werden natürliche Pflanzen verwendet, die schweißhemmende, kühlende, zusammenziehende, desinfizierende oder desodorierende Wirkstoffe enthalten.

Detox Wirkung – gesund und heilsam

Natürliche Deodorants fördern die Entgiftung des Organismus. Sie verstopfen keine Poren wie moderne Antitranspirantien, sondern unterstützen den natürlichen Abtransport von Stoffwechselprodukten aus dem Körper. Besonders basische Deodorants helfen dem Körper Toxine auszuscheiden. Basische Mittel werden auch in der Medizin und Naturheilkunde zur Behandlung von Krankheiten und Ausscheidung von Toxinen eingesetzt. Durch die lange Kontaktzeit mit der Haut werden die Wirkstoffe der Naturdeodorants gut in die Haut resorbiert und unterstützen die Gesundheit des gesamten Organismus.

Was muss ich beachten, wenn ich auf natürliche Deodorants umsteige?

Bevor Sie natürliche Deodorants auftragen, reinigen Sie Ihren Achselbereich mit natürlichen Reinigungsmitteln wie Seife, Bio-Duschgel oder Wasser. Konventionelle Duschgels können Mineralöle und Silikone enthalten, die die Hautoberfläche abdichten und zu einem Abperleffekt beim Auftragen natürlicher Deodorants führen können.

Alle Deodorants im Buch sind sanft zur Haut und besonders gut hautverträglich. Dennoch können im Einzelfall Reaktionen entstehen und die Haut kann selbst auf milde Mittel reagieren. Sollten Sie eine Reaktion der Haut feststellen, wechseln Sie das Rezept und wählen Sie eine für Sie gut verträgliche Alternative.

Desodorierende Inhaltsstoffe in Naturdeos

Natron: Die gute Alternative zu Aluminium wirkt effektiv, hat eine sehr gute Hautverträglichkeit und entgiftet nebenbei den Körper. Natron (Natriumbicarbonat, Natriumhydrogencarbonat) ist ein natürliches Backtriebmittel in Lebensmittelqualität. Es desodoriert, neutralisiert Gerüche und bindet Feuchtigkeit. Als basisches Mittel trägt es zur Entgiftung des Körpers bei und wirkt gegen Übersäuerung. Natron desinfiziert, wirkt entzündungshemmend, juckreizstillend und hautregenerierend.

Natursalz: Salz bindet überschüssige Feuchtigkeit, neutralisiert schlechte Gerüche und wirkt desinfizierend. Verwendet werden Vollsalze wie Steinsalz, Meersalz oder Ursalz. Jodiertes Tafelsalz eignet sich nicht zur Herstellung von Deodorants.

Naturessig: Als Schönheitsmittel seit der Antike verwendet, wirkt Essig desodorierend, keimtötend, adstringierend und erfrischend. Als Naturessige empfehlenswert: Apfelessig, Weinessig, Fruchtessig. Tafelessig eignet sich nicht zur Herstellung von Deodorants.

Kokosfett: Mit seinen kühlenden, desodorierenden und pflegenden Eigenschaften ist Kokosfett ein wirksamer Deo-Ersatz. Empfehlenswert ist Bio- oder FairTrade-Kokosfett.

Kakaobutter: Sehr pflegend, bindet Gerüche und ist besonders gut verträglich. Es empfiehlt sich, nicht-desodorierte Bio- oder FairTrade-Kakaobutter zu kaufen.
Zinkoxid: Wird in der Naturkosmetik verwendet und hat desodorierende, entzündungshemmende, zusammenziehende, hautberuhigende Eigenschaften. Eignet sich als Zusatz bei irritierter Haut und ist in Apotheken erhältlich.
Ätherische Öle: Beduften natürlich und binden unangenehme Gerüche. Verwendet werden nur 100% natürliche ätherische Öle aus biologischem Anbau oder Wildsammlung. Synthetisch hergestellte Duftöle sind nicht geeignet.

Pflegende und heilsame Wirkstoffe direkt aus der Natur

Apfel (Malus): adstringierend, erfrischend, feuchtigkeitsspendend, desodorierend
Bartflechte (Usnea barbata): geruchshemmend, antibakteriell, pilzhemmend, wundheilend
Efeu (Hedera): kühlend, desinfizierend, desodorierend, hautberuhigend
Gänseblümchen (Bellis): wundheilend, hautregenerierend, desinfizierend, blutstillend

Gurke (Cucumis): adstringierend, feuchtigkeitsspendend, erfrischend, desodorierend

Hauswurz (Sempervivum): feuchtigkeitsspendend, kühlend, geruchsbindend, wundheilend

Hirtentäschel (Capsella): blutstillend, wundheilend, adstringierend, desinfizierend

Lavendel (Lavandula): hautberuhigend, entzündungshemmend, wundheilend, desodorierend

Minze (Mentha): desodorierend, kühlend, adstringierend, desinfizierend

Moose (alle Arten): geruchshemmend, wundheilend, feuchtigkeitsbindend, pilzhemmend

Rose (Rosa): adstringierend, kühlend, desodorierend, wundheilend

Salbei (Salvia): zusammenziehend, schweißhemmend, antibakteriell, östrogenregulierend

Sternmiere (Stellaria): entzündungshemmend, wundheilend, hautregenerierend

Tanne (Abies): adstringierend, desodorierend, desinfizierend, antibakteriell

Wegerich (Plantago): wundheilend, erfrischend, desinfizierend, antibiotisch

Zitrone (Citrus): erfrischend, desinfizierend, adstringierend, desodorierend

Sammeln Sie nur gesunde Pflanzen, die fern von Verunreinigungsquellen wie Pestiziden, Tierplätzen, Industrieanlagen oder stark befahrenen Straßen wachsen. Sammelregel für Kräuter: Junge Triebspitzen sammeln, nicht mehr als ein Drittel des Pflanzenbestands sammeln. Achten Sie beim Kauf von Kräutern, Früchten und Gewürzen auf biologische und naturnah produzierte Ware.

Zubehör für die Zubereitung von Naturdeos

Für die Rezepturen im Buch ist eine normale Küchenausstattung ausreichend.
Gefäße: hohe Gläser, Gläser mit Schraubverschluss, Gefäße mit Gießvorrichtung
Zerkleinerer: Messer, Minimixer, Gewürzmühle, Pürierstab, Mörser
Siebe: feine Siebe, Teefilter, Kaffeefilter
Töpfe: kleine Töpfe (ca. 0,5 l)
Verpackung: Verpackung wie Zerstäuber finden Sie in Drogeriemärkten oder Apotheken. Sie können auch die Glasverpackung alter Deos recyceln und wiederverwenden.
Weiteres Zubehör: Schneidebrett, Waage, Trichter, Löffel

Wissenswertes vor dem Start

Hygiene: Sauberes Arbeiten ist der beste Konservierungsstoff! Hände, Arbeitsflächen, Arbeitszubehör und Verpackung vor der Arbeit mit 40%-igem Alkohol desinfizieren. Vermeiden Sie den Kontakt zu den Innenflächen der Verpackung nach dem Desinfizieren.

Apfelstrudel-Deo

Das Deo wirkt pflegend, erfrischend und zusammenziehend. Die im Apfel enthaltenen Antioxidantien, Fruchtsäuren, Vitamine und Pektine desodorieren sanft und unterstützen die natürliche Hautregeneration.

ZUTATEN

½ Bio-Apfel · 150 ml Wasser · 1 TL Natursalz · ¼ TL Zimt

ZUBEREITUNG

Apfel raspeln, mit Salz vermischen und mit kochendem Wasser übergießen. Zugedeckt 30 Minuten ziehen lassen, in den letzten drei Minuten den Zimt zugeben. Den Apfel-Extrakt durch einen Teefilter filtrieren. Das Deo in eine Zerstäuberflasche füllen.

ANWENDUNG

Nach dem Duschen und bei Bedarf direkt unterm Arm auftragen und kurz einziehen lassen.

HALTBARKEIT

1 Monat bei Zimmertemperatur

Deo-Superhero

Der Superheld im Kampf gegen lästigen Körpergeruch und toxisches Aluminium: Natron! Es hemmt sowohl die Bildung schlechter Gerüche, kann aber auch vorhandene Körpergerüche neutralisieren. Wird gut vertragen, bindet Feuchtigkeit, wirkt entzündungshemmend und hautberuhigend. Kann zur Desodorierung des ganzen Körpers verwendet werden und wirkt auch stark gegen Fußgeruch.

ZUTATEN

30 g Natron · 1 Tropfen ätherisches Öl

ZUBEREITUNG

Natron mit Öl vermischen und in ein Glas füllen.

ANWENDUNG

Nach dem Duschen oder bei Bedarf auf die leicht angefeuchtete Haut auftragen. Eine kleine Prise mit drei Fingern nehmen, auf der Handfläche verteilen und unterm Arm auftragen. Alternativ kann ein kleiner Pinsel zum Auftragen verwendet werden.

HALTBARKEIT

Unbegrenzt bei Zimmertemperatur

Sanfte Hauswurz-Lotion

Angenehme Schüttellotion für die sensible Haut im Achselbereich. Beruhigt irritierte Haut, wirkt desinfizierend, entzündungshemmend und wundheilend.

ZUTATEN

100-ml-Glas mit in Stücke geschnittener Hauswurz (alternativ 3 EL Aloe Vera Gel) · 50 ml Wasser 50 ml neutrales Öl · 1 TL Natursalz

ZUBEREITUNG

Hauswurz, Öl und Wasser mit dem Pürierstab mixen. Die Masse in einen Topf füllen und nach einmaligem Aufkochen Temperatur reduzieren und zehn Minuten in der Resthitze ziehen lassen. Den flüssigen Extrakt durch ein Feinsieb filtrieren. Salz zugeben, gut umrühren und in eine Spenderflasche füllen.

ANWENDUNG

Vor Gebrauch gut schütteln! Eine Spenderportion in die Handfläche geben und im Achselbereich verteilen. Einziehen und trocknen lassen.

HALTBARKEIT

2 Wochen bei Zimmertemperatur

Feenstaub mit Honigklee

Wirksames Duftdeo, kann bestehende Gerüche beseitigen. Besonders lange haltbar.

ZUTATEN

100-ml-Glas mit trockenen Steinkleeblüten · 100 g Natron

ZUBEREITUNG

Alle Zutaten in der elektrischen Gewürzmühle pulverisieren. Das duftende Pulver durch ein Feinsieb durchsieben und in ein Glas füllen.

ANWENDUNG

Nach dem Duschen oder bei Bedarf auf die leicht angefeuchtete Haut auftragen. Eine kleine Prise mit drei Fingern nehmen, auf der Handfläche verteilen und unterm Arm auftragen. Alternativ kann ein kleiner Pinsel zum Auftragen verwendet werden.

HALTBARKEIT

Unbegrenzt bei Zimmertemperatur

Deo-Pralinen mit Gänseblümchen

Praktisches Deodorant mit pflegenden Komponenten. Hinterlässt keine Flecken und kann praktisch portioniert als Reisedeo verwendet werden.

ZUTATEN

2 EL Gänseblümchen · 70 g Kakaobutter · 30 g Natron

ZUBEREITUNG

Kakaobutter erwärmen, bis sie flüssig wird. Gänseblümchen und Kakaobutter zu einer homogenen Masse mixen. Die Masse in einen Topf füllen, auf kleinster Stufe erwärmen und eine halbe Stunde unter der Siedetemperatur sanft ziehen lassen. Die flüssige Mischung durch einen Teefilter filtrieren. Natron zugeben und gut untermengen. Eventuell einen Tropfen ätherisches Öl zugeben. Das Deo in kleine Pralinenförmchen füllen. Kühl stellen, bis das Deo fest wird.

ANWENDUNG

Als Naturdeo nach dem Duschen oder bei Bedarf direkt unterm Arm auftragen.

HALTBARKEIT

6 Monate bei Zimmertemperatur

Verbena-Jus

Erfrischendes und pflegendes Naturdeodorant, hemmt die Schweißbildung und entfernt unangenehme Gerüche.

ZUTATEN

10 frische Zitronenverbene-Blätter · 100 ml Quellwasser
30 ml Naturessig

ZUBEREITUNG

Alle Komponenten mit dem Pürierstab mixen und eine Stunde ziehen lassen. Den Extrakt durch ein Teefilter filtrieren und in eine Zerstäuberflasche füllen.

ANWENDUNG

Nach dem Duschen und bei Bedarf direkt unterm Arm auftragen und kurz einziehen lassen.

HALTBARKEIT

1 Monat bei Zimmertemperatur

Wald'n'Wiese-Cremedeo

Wirksames Naturdeodorant, wirkt erfrischend, hautregenerierend und wundheilend. Entgiftet sanft den Organismus.

ZUTATEN

50-ml-Glas mit frischen Tannennadeln, Vogelmiere und Schafgarbe
1 EL Wodka · 100 g Kokosfett · 30 g Natron

ZUBEREITUNG

Pflanzenteile in kleine Stücke schneiden und mit Wodka in der Gewürzmühle pürieren. Kräutermischung und Kokosfett in einen Topf füllen und auf kleinster Stufe erwärmen. Eine Stunde unter der Siedetemperatur sanft ziehen lassen, gut umrühren. Den flüssigen Extrakt durch einen Teefilter filtrieren. Natron zugeben, zu einer homogenen Masse rühren und das Deo in ein Glas füllen. Kühl stellen, bis das Deo fest wird.

ANWENDUNG

Das Deo nach dem Duschen oder bei Bedarf auf der Haut auftragen.

HALTBARKEIT

6 Monate bei Zimmertemperatur

Green-peace-Refresher

Sanftes Deo, wirkt desodorierend, desinfizierend, entgiftend und hautberuhigend. Pflegt und erfrischt die Haut.

ZUTATEN

100 g Bio-Gurke · Schale einer halben Bio-Limette
50 ml Mineralwasser · ½ TL Natursalz · ½ TL Natron

ZUBEREITUNG

Limettenschale und Gurke samt Schale raspeln. Alle Zutaten in ein Glas füllen. Gut schütteln und eine Stunde stehen lassen. Die Flüssigkeit durch einen Teefilter filtrieren, den Rückstand gut auspressen. Das fertige Deo in eine Zerstäuberflasche füllen.

ANWENDUNG

Nach dem Duschen oder bei Bedarf direkt unterm Arm auftragen. Kurz einziehen lassen, bei starkem Schweiß die Prozedur wiederholen.

HALTBARKEIT

1 Monat bei Zimmertemperatur

Moos-Heildeodorant

Wirkt wundheilend, schweißhemmend und absorbiert überschüssige Feuchtigkeit. Unterstützt die Regeneration der Haut und hat eine gute antibakterielle Wirkung.

ZUTATEN

200-ml-Glas mit frischem Moos · 100 g Natron

ZUBEREITUNG

Sammeln und Trocknen von Moos: Die oberirdischen, grünen Teile mit einer Schere abschneiden. Das Moos waschen und auf einer sauberen Unterlage für etwa 1 Woche zum Trocknen ausbreiten. Das trockene Moos gemeinsam mit den weiteren Zutaten im Mixer pulverisieren. Eventuell einen Tropfen ätherisches Öl zugeben und in ein Glas füllen.

ANWENDUNG

Nach dem Duschen oder bei Bedarf auf die leicht angefeuchtete Haut auftragen. Eine kleine Prise mit drei Fingern nehmen, auf der Handfläche verteilen und unterm Arm auftragen. Alternativ kann ein kleiner Pinsel zum Auftragen verwendet werden.

HALTBARKEIT

Unbegrenzt bei Zimmertemperatur

Wald'n'Wiese-Limoncello

Erfrischt mit natürlichen Heilkräutern, wirkt entzündungshemmend, adstringierend und desinfizierend.

ZUTATEN

**100-ml-Glas mit Kräutern aus Wald und Wiese wie Wegerich, Hirtentäschel, Schafgarbe, Kamille, Gundelrebe usw.
1 EL Bio-Zitronenschale, fein geraspelt · 150 ml Quell- oder Mineralwasser · 1 TL Natursalz**

ZUBEREITUNG

Kräuter gut waschen, abtrocknen und in sehr kleine Stücke schneiden. Kräuter, Zitronenschale und Salz in ein Glas mit Schraubverschluss füllen, verschließen und gut schütteln. Über Nacht stehen lassen, immer wieder schütteln. Natursalz zugeben und gut umrühren. Den Kräuter-Extrakt durch einen Teefilter filtrieren und in eine Zerstäuberflasche füllen.

ANWENDUNG

Als Naturdeo nach dem Duschen oder bei Bedarf auftragen. Einziehen und trocknen lassen.

HALTBARKEIT

1 Monat bei Zimmertemperatur

Birkenwasser-Heilsole

Wirkt entgiftend, wundheilend, vitalisierend, hautregenerierend und zusammenziehend.

ZUTATEN

100 ml frisches Birkenwasser* · 1 TL Natursalz

ZUBEREITUNG

Salz und Birkenwasser in eine Zerstäuberflasche füllen. Flasche verschließen und gut schütteln.

ANWENDUNG

Als Naturdeo nach dem Duschen oder bei Bedarf auftragen. Einziehen und trocknen lassen.

HALTBARKEIT

1 Monat bei Zimmertemperatur

* Birkenwasser ist das Baumwasser der Birken und wird durch das Anzapfen der Bäume vor dem Austrieb der Knospen gewonnen. Ganzjährig hingegen kann Birkenwasser übers Internet und in gut sortierten Läden gekauft werden. Eine Alternative ist ungesüßtes Kokoswasser, das ähnliche Eigenschaften wie Birkenwasser besitzt und ebenfalls über den Handel bezogen werden kann.

Usnea-Sportdeo

Stark gegen Schweiß, neutralisiert bestehende Gerüche, erfrischt, wirkt schweißhemmend, entzündungshemmend und erfrischend.

ZUTATEN

200-ml-Glas mit getrockneter Bartflechte
100 g Natron · 3 Tropfen Pfefferminzöl

ZUBEREITUNG

Bartflechte mit der Schere in kleine Stücke schneiden. Alle Zutaten im Mixer pulverisieren und in ein Glas füllen.

ANWENDUNG

Nach dem Duschen oder bei Bedarf auf die leicht angefeuchtete Haut auftragen. Eine kleine Prise mit drei Fingern nehmen, auf der Handfläche verteilen und unterm Arm auftragen. Alternativ kann ein kleiner Pinsel zum Auftragen verwendet werden.

HALTBARKEIT

Unbegrenzt bei Zimmertemperatur

Alpenopium-Heildeo mit Knospen

Hypnotischer, sinnlicher und würziger Duft, wirkt wundheilend, hautregenerierend, entgiftend, antibakteriell und entzündungshemmend.

ZUTATEN

10 Balsam- oder Schwarzpappelknospen · 3 Walnussknospen oder -kätzchen · 10 Lindenknospen · 50 ml 80%-iger Alkohol

ZUBEREITUNG

Als Parfümdeo: Knospen in ein kleines Glas füllen und mit Alkohol übergießen. Einen Monat stehen lassen, immer wieder schütteln. Den Extrakt durch einen Teefilter filtrieren und in eine Zerstäuberflasche füllen. Als Heildeodorant: 20 ml des Knospenextrakts mit 100 ml Wasser und ¼ TL Salz vermischen und in eine Zerstäuberflasche füllen.

ANWENDUNG

Als Parfümdeo auf das Haar sprühen, als Deo im Achselbereich verwenden.

HALTBARKEIT

1 Jahr bei Zimmertemperatur

Veilchen-Blütendeo

Zarter Blütenduft, wirkt entzündungshemmend, erfrischend und hautregenerierend.

ZUTATEN

100-ml-Glas mit Veilchenblüten
100 ml Naturessig oder Verjus

ZUBEREITUNG

Veilchenblüten mit Essig übergießen und an einem dunklen Ort einen Monat stehen lassen. Immer wieder schütteln. Den Veilchenblütenessig durch einen Teefilter abseihen. Für das Deodorant im Verhältnis 1:3 mit abgekochtem Wasser vermischen und in eine Zerstäuberflasche füllen.

ANWENDUNG

Als Naturdeo nach dem Duschen oder bei Bedarf auftragen. Einziehen und trocknen lassen.

HALTBARKEIT

3 Monate bei Zimmertemperatur

Hugo am Stiel

Erfrischendes und pflegendes Kräuterdeodorant. Wirkt zusammenziehend, entgiftend und wundheilend. Hinterlässt keine Flecken und pflegt sensible Haut.

ZUTATEN

10 Minzblätter · 1 frische Holunderdolde
1 EL Wodka · 70 g Kakaobutter · 30 g Natron

ZUBEREITUNG

Minze in kleine Stücke schneiden. Holunderblüten von der Dolde abzupfen. Minze, Holunderblüten und Wodka in der elektrischen Gewürzmühle pürieren. Kräutermischung und Kakaobutter in einen Topf füllen. Auf kleinster Stufe erwärmen und eine halbe Stunde unter der Siedetemperatur sanft ziehen lassen. Die flüssige Mischung durch einen Teefilter filtrieren. Natron zugeben und das Deo in ein kleines Eis-am-Stiel-Förmchen füllen. Kühl stellen, bis das Deo fest wird.

ANWENDUNG

Das Deo nach dem Duschen oder bei Bedarf auf der Haut auftragen.

HALTBARKEIT

6 Monate bei Zimmertemperatur

Waldfrische-Absorber

Ideal gegen schlechte Gerüche und übermäßigen Schweiß. Wirkt geruchshemmend, zusammenziehend, kühlend, entzündungshemmend und desinfizierend.

ZUTATEN

100-ml-Glas mit zerkleinerten jungen Triebspitzen von Tanne oder Fichte · 150 ml Quellwasser · 1 TL Natursalz

ZUBEREITUNG

Alle Zutaten in einen hohen Topf füllen und mit dem Pürierstab gut mixen. In ein Glas füllen, verschließen und über Nacht stehen lassen. Am nächsten Tag den Extrakt durch einen Teefilter filtrieren und in eine Zerstäuberflasche füllen.

ANWENDUNG

Als Naturdeo nach dem Duschen oder bei Bedarf auftragen. Einziehen und trocknen lassen.

HALTBARKEIT

2 Monate bei Zimmertemperatur

Aschenputtel und die Hasel

Unterstützt die natürliche Hautregeneration, wirkt blutstillend, kühlend und desinfizierend.

ZUTATEN

9 Haselkätzchen · 1 EL Holzasche
100 ml Quellwasser · 3 Tropfen ätherisches Rosenöl

ZUBEREITUNG

Haselkätzchen zerkleinern und gemeinsam mit der Holzasche im Mörser verreiben. Alle Zutaten in ein Glas mit Schraubverschluss füllen. Gut schütteln und über Nacht stehen lassen, bis sich die Flüssigkeit klärt. Am nächsten Tag den Haselextrakt durch einen Kaffeefilter vorsichtig filtrieren. Bei Bedarf die Prozedur wiederholen, bis die Flüssigkeit vollkommen klar ist und keine Trübstoffe mehr enthält. Das Deo in eine Zerstäuberflasche füllen.

ANWENDUNG

Als Naturdeo nach dem Duschen oder bei Bedarf auftragen. Einziehen und trocknen lassen.

HALTBARKEIT

1 Monat bei Zimmertemperatur

Flower-Power-Pulverdeo

Wirksames Deodorant, hat eine sehr gute desodorierende Wirkung und kann selbst bestehende Gerüche beseitigen. Besonders lange haltbar.

ZUTATEN

50-ml-Glas mit getrockneten Lavendel- und Rosenblüten
50 g Natron

ZUBEREITUNG

Alle Zutaten mit der elektrischen Gewürzmühle pulverisieren. Das duftende Pulver durch ein Feinsieb durchsieben und in ein Glas füllen.

ANWENDUNG

Nach dem Duschen oder bei Bedarf auf die leicht angefeuchtete Haut auftragen. Eine kleine Prise mit drei Fingern nehmen, auf der Handfläche verteilen und unterm Arm auftragen. Alternativ kann ein kleiner Pinsel zum Auftragen verwendet werden.

HALTBARKEIT

Unbegrenzt bei Zimmertemperatur

All you need is love – Sinnliches Parfümdeo

Duftendes, stimmungsaufhellendes und aphrodisierendes Deodorant, stärkt die Liebeskräfte.

ZUTATEN

10 junge Wildrosenblüten · 1 TL grünes Kardamomsamenpulver
1 TL geraspelte Orangenschale · 1 TL Zitronensaft · 100 ml Wodka

ZUBEREITUNG

Rosenblüten abziehen und in kleine Stücke schneiden. Alle Zutaten in ein Glas füllen, gut schütteln und eine Woche ziehen lassen. Anschließend die Mischung durch einen Kaffeefilter filtrieren und das Parfümdeo in eine Zerstäuberflasche füllen.

ANWENDUNG

Das Parfümdeo auf das Haar sprühen. Für die Verwendung als Deodorant soll das Parfümdeo im Verhältnis 1:3 mit Wasser verdünnt werden und ein halber Teelöffel Natursalz zugegeben werden. Diese Kombination eignet sich zur Desodorierung des Achselbereichs.

HALTBARKEIT

1 Jahr bei Zimmertemperatur

Wiesenkönigin-Deo-Öl

Wirksames Deodorant, hat eine sehr gut desodorierende und zusammenziehende Wirkung. Kann bestehende Gerüche beseitigen. Besonders lange haltbar.

ZUTATEN

1 frische Mädesüßblüte samt Blätter · 200 ml neutrales Öl
50 g Natron

ZUBEREITUNG

Mädesüßblüte und -blätter abziehen und in kleine Stücke schneiden. In ein hohes Gefäß füllen, mit Öl übergießen und mit dem Pürierstab mixen. Die Mischung in einen Topf füllen und zum Kochen bringen. Ein Mal aufkochen lassen, Temperatur reduzieren und 30 Minuten unter der Siedetemperatur ziehen lassen. Das Deo-Öl durch ein Feinsieb filtrieren. Natron zugeben und in eine Spenderflasche füllen.

ANWENDUNG

Vor Gebrauch gut schütteln! Eine Spenderportion in die Handfläche geben. Im Achselbereich gut verteilen und kurz einziehen lassen.

HALTBARKEIT

1 Jahr bei Zimmertemperatur

Zirben-Asche-Deodorant

Wirkt entspannend, desodorierend, erfrischend, zusammenziehend und desinfizierend. Optimal gegen durch Stress verursachtes Schwitzen.

ZUTATEN

50-ml-Glas mit zerkleinerten, frischen Zirbennadeln*
1 TL Holzasche · 150 ml Wasser

ZUBEREITUNG

Zirbennadeln mit der Asche vermischen. Mit kochendem Wasser übergießen und eine halbe Stunde ziehen lassen. Den Zirbenextrakt durch einen Kaffeefilter abseihen. Bei Bedarf die Prozedur wiederholen, bis die Flüssigkeit vollkommen klar ist. Das Deo in eine Zerstäuberflasche füllen.

ANWENDUNG

Als Naturdeo nach dem Duschen oder bei Bedarf auftragen. Einziehen lassen, bei starkem Schweiß kann die Prozedur wiederholt werden.

HALTBARKEIT

1 Monat bei Zimmertemperatur

* Alternativ können andere Nadelbaumarten wie Tanne, Fichte, Kiefer oder Lärche verwendet werden.

QUELLENVERZEICHNIS

1+5 vgl.: Aluminium: Toxikologie und gesundheitliche Aspekte körpernaher Anwendungen, Österreichisches Bundesministerium für Gesundheit, Wien 2014, S. 49

2 vgl.: Évaluation du risque lié à l'utilisation de l'aluminium dans les produits cosmétiques, Agence francaise de securité sanitaire des produits de santé, Frankreich 2011

3 vgl.: Flarend R., Bin T., Elmore D., Hem S.L.: A preliminary study of the dermal absorption of aluminium from antiperspirants using Aluminium. 26. Food and Chemical Toxicology 39, 2001

4+6 vgl.: Aluminiumhaltige Antitranspirantien tragen zur Aufnahme von Aluminium bei, Deutsches Bundesinstitut für Risikobewertung, Stellungnahme Nr. 007/2014 des BfR vom 26. Februar 2014

Online-Quellen:
Darbre P.: Underarm antiperspirants. Breast Cancer Research, 2009
http://www.ncbi.nlm.nih.gov/pmc/articles/PMC2797685/

Mannello F., Ligi D., Canale M.: Aluminium, carbonyls and cytokines in human nipple aspirate fluids: Possible relationship between inflammation, oxidative stress and breast cancer microenvironment, 2013
http://www.ncbi.nlm.nih.gov/pubmed/23916117

McGrath, Kris G.: Sweat gland obstruction via the use of aluminium-containing antiperspirants may be contributing to increased incidence of prostate and breast cancer, Med Hypotheses, 2009
http://www.greenmedinfo.com/article/sweat-gland-obstruction-use-aluminium-containing-antiperspirants-may-be-contributing

Über die Autorin

Gabriela Nedoma ist Buchautorin, Naturpädagogin und Expertin für Grüne Kosmetik. Sie startete die Initiative »Natur schützt Haut« und unterrichtet im Lehrgang »Grüne-Kosmetik-Pädagogik« die Grundlagen naturbelassener Hautpflege. Als gefragte Naturreferentin engagiert sie sich in Projekten an Schulen und in der Erwachsenenbildung für ein Leben im Einklang mit der Natur. Gabriela Nedoma lebt mit ihrem Mann in Niederösterreich.

FSC www.fsc.org
MIX
Papier aus verantwortungsvollen Quellen
FSC® C012536

 Satz aus der Hoefler Text und The Sans. · Medieninhaber, Verleger und Herausgeber: Red Bull Media House GmbH · Oberst-Lepperdinger-Straße 11–15 · 5071 Wals bei Salzburg, Österreich · Gestaltung und Satz: wir sind artisten · Bilder: Cover und Innenteil: Michaela Gabler, außer S. 63 mauritius images/imageBROKER/Reinhard Hölzl · Druck und Bindung: Druckerei Theiss

Printed in Austria
ISBN 978-3-7104-0199-2